겨울에 핀 꽃이 강하다

겨울에 핀 꽃이 강하다

유성순 지음

좋은땅

독자의 마음으로

사랑은 시간의 흐름을 잊게 하고 그리움은 마음의 깊이를 더합니다. 이 시집《겨울에 핀 꽃이 강하다》는 그러한 감정의 여정을 담아낸 작은 기록입니다. 바람이 불어오는 길목에서부터 시작해, 저녁노을의 따스함, 눈 오는 날의 소중한 기억, 별빛 아래의 약속까지, 각 페이지에 우리의 삶 속에 스며든 순간들을 풀어놓았습니다.

삶은 언제나 변화무쌍하지만, 그 속에서 우리는 사랑과 그리움을 통해 더욱 깊이 있는 존재로 성장합니다. 이 시들이 여러분의 마음에 작은 위로와 공감을 줄 수 있기를 바라며,《겨울에 핀 꽃이 강하다》처럼 독자 여러분의 일상 속에 스며들기를 소망합니다.

저자 유성순 드림

목차

독자의 마음으로 ··· 5

1부

1	실패의 교훈도 약이다	··· 12
2	그 순간은	··· 13
3	강변을 거닐며	··· 14
4	계절의 경계에서	··· 15
5	달력을 떼면서	··· 16
6	종탑	··· 18
7	유리창을 닦으며	··· 20
8	나는 지금	··· 22
9	세월	··· 24
10	한 걸음의 희망	··· 25
11	참 고민 많이 했습니다	··· 26
12	희망이 곧 시작의 통로	··· 28
13	퍼즐게임	··· 29
14	고요의 정원	··· 30

2부

15	오염 그 실체	⋯ 32
16	지난 그림자	⋯ 34
17	우편엽서	⋯ 36
18	생각 한 조각	⋯ 38
19	선열의 불꽃	⋯ 40
20	오월은	⋯ 42
21	태풍	⋯ 43
22	갈림길	⋯ 44
23	장생포에 부는 바람	⋯ 46
24	그날 이후의 반응	⋯ 48
25	꽃샘추위	⋯ 50
26	바람 불어 좋은 날	⋯ 52
27	우주에서 부는 바람	⋯ 53
28	가끔은 혼자서	⋯ 54

3부

29	보트 타는 자매	⋯ 56
30	별이 빛나는 밤	⋯ 58
31	예술은 창작이다(1)	⋯ 60
32	역사의 숨결	⋯ 62
33	서체의 매력	⋯ 64
34	발자국	⋯ 66
35	예술은 창작이다(2)	⋯ 68
36	예술은 창작이다(3)	⋯ 70
37	내 눈엔 그림이다	⋯ 72
38	자세히 보아야 얻는다	⋯ 74
39	인문학	⋯ 76
40	예술은 창작이다(4)	⋯ 77
41	아기 탄생을 위하여	⋯ 78
42	그리움이 머무는 곳	⋯ 80
43	작천정의 봄	⋯ 81
44	문틈	⋯ 82
45	그 모습	⋯ 84
46	흔적	⋯ 86

4부

47	꽃처럼	… 88
48	어느 봄날	… 90
49	어부의 그 손	… 92
50	풍경	… 94
51	계절의 변화	… 96
52	가지산	… 98
53	시간이 머문 자리	… 100
54	몽돌	… 102
55	대숲을 거닐며	… 104
56	동백섬	… 106
57	대왕암 솔밭길	… 108
58	6월의 장생포	… 110
59	신불산	… 112
60	강가에서 거울을 보며	… 114
61	씨앗	… 116
62	염전의 일상	… 118
63	정류장에서	… 120
64	여행은 또 다른 출발	… 122

5부

65	또다시 병원	… 124
66	입원(1)	… 125
67	쉼터에서	… 126
68	봄날의 편지	… 128
69	적막한 창고	… 129
70	입원(2)	… 130
71	하얀 시간이 내린다	… 132
72	퇴원	… 134
73	병원은 나의 배움터	… 136
74	복수초	… 138
75	패랭이꽃	… 140
76	민들레	… 142
77	겨울에 핀 꽃이 강하다	… 144
78	육거리의 물결	… 146
79	은방울꽃	… 148
80	사랑의 작은 손	… 150

1부

실패의 교훈도 약이다

실패는 쓴맛이지만
그 속엔 깊은 교훈이 숨어 있다
한 번의 넘어짐이 나를 강하게 하고
견고한 뿌리를 내리게 하는 약이 된다

좌절의 순간
희망이 사라진 듯 느껴질 때
내면의 목소리가 다시 일어나게 한다

실패는 진정한 나를 발견하는 길
실패의 조각들이 모여
더 큰 그림을 그려내고
그 속에서 더 나은 나를 찾는다

그 순간은

두려움과 기대의 경계에서
어린 발이 땅을 박차고
작은 발끝에 담긴 거대한 꿈을 안고
세상의 넓이를 향해 조심스레 나아갔네

넘어지고 다시 일어서는 순간
아픔 속에서도 웃음이 피어나고
신기한 발견이 기다리는 곳
내 눈길 가는 그곳에서 나를 기다리고 있었네

매 순간이
나를 변화시키고
나를 다져갈 때

혼자서 세상을 탐험할 때
내 심장은 두근거림으로 가득 찼었네

강변을 거닐며

부드러운 바람에 실려
추억의 조각들이 밀려온다
물결 위에 비친 햇빛처럼
내 마음속에도 따스한 빛이 스민다

팽나무 그늘에서
웃음소리 울리고
작은 돌멩이에 앉아
이야기를 나누는 어린 새들의 노래

강물처럼 흐르는 시간
그리움이 스며드는 순간
걸음마다 새겨지는 기억
마음 깊은 곳에서 피어나는 꿈

다시 한번 강변을 거닐며
강변의 풍경에 매몰되어
잊지 못할 착시에 스며든다

계절의 경계에서

시간의 흐름 속
사라져가는 노을을 붙잡으려 해도

겨울은 먼저 도착해
차가운 숨결로 다가오고
눈송이처럼 모든 것을 덮어버립니다

노을의 여운은
온기 가득한 여름의 기억을 되살리고
차가운 공기 속에서
따스한 어제를 지켜내려 하지만

일출과 일몰이 교차하는
황금빛에 서서히
계절은 자리를 내어줍니다

달력을 떼면서

8월이 떨어진다고 여름이 떠나가나!
9월을 붙잡는다고 갈바람이 불어오나!

가만히 있어도 알아서 가는 것을
달력을 떼면서 헛다리 오지게도 짚는다

오지랖이 왜 생겼나?
바로 쓸데없는 근심 때문이지

올여름 워낙 더워 에너지 고갈이라
가을이 오기도 전에
폭설이 그립다고 설한 속으로 빠져든다

이러나
저러나
계절은 가고 오는 것을
추위나 더위나 지나고 보면 거기서 거긴데

세월의 흐름이 나이를 먹게 하고
계절은 농익은 과일처럼 변하게 만드네

종탑

푸르름이 가득한 초여름
잎새들 햇살을 품은 채 속삭이는
그 언덕 위로 조용히
그러나 뚜렷하게 솟아오른
붉은 벽돌의 종탑 하나

시간의 속삭임을 담은 십자가는
말없이 하늘을 바라보고
그 아래 묵직한 종소리가 들리는 듯하다
바람의 손끝에 실려 오는 오래된 기도의 향기

숲은 침묵으로 감싸 안고
나무들은 푸른 팔을 벌려 품어준다
그 사이사이 햇살이 빛의 조각으로 흩어지며
이 작은 성소를 은은히 비춘다

세상 소음이 닿지 않는 여기
내 마음은 문득 고요해지고

잊고 지냈던 그 따뜻함이 숲에서 피어난다

종탑은 말이 없지만
그 존재만으로 위로가 된다

철학이란
어쩌면 이토록 조용한 풍경 속
어딘가에 숨어 있는 것일지도 모른다

유리창을 닦으며

한 줄기 햇살이 스며드는 아침
유리창에 남은 먼지를 닦는다
투명해지는 유리 너머
세상이 다시 선명하게 드러난다

부드러운 천으로 문질러가며
나는 생각에 잠긴다
어제의 고민과 지난날의 기억
모두 흐릿하게 가려져 있었지

유리창이 깨끗해질수록
마음도 함께 정화되는 듯하다
창밖 풍경이 내 시선을 사로잡고
새로운 시작의 가능성을 비춰준다

바람에 실려 오는 소리
아이들의 웃음 나무의 속삭임

모두가 내 곁에 가까워지는 순간
나는 다시 한번 이 순간을 만끽한다

세상이 더 맑아지는 것을 보며
투명한 마음으로 깨어 있는 시각으로
유리창을 메모지로 잠시 착각을 하며
하루의 일과를 창문에 쓱 쓱 적어본다

나는 지금

거울 앞에 서면
무수한 조각들이 서로를 바라본다

하지만
그 모습은 불확실한 그림자
상처로 엮인 실타래
각기 다른 기억으로 꼬여 있다

어디서 왔는지
왜 여기 있는지
질문은 허공에 떠도는 구름이다

이름 없는
고요한 거리를 걸으며
각자의 발자국마다
하나의 이야기를 풀어 놓는다

그 이야기 속

나는 여전히 찾을 수 없는 존재

거울 속 흩어진 조각을 찾아

끝없는 미래로 이어간다

세월

흐르는 물처럼 무상하니
어제의 웃음은 오늘의 그리움이 되고
내일의 꿈은 어딘가에 숨겨진 미소로 떠오른다

봄꽃이 피고
태양이 타오르며
낙엽은 자취를 남기고
찬바람은 모든 것을 휘감아
흔적을 지우려 애를 쓴다

세월은 손길을 스쳐 지나가고
술렁이는 마음의 갈피를 잡아주지 않는다
나는 자라는 아이를 보면서
사라지는 풍경 앞에 침묵의 시간을 갖는다

한 걸음의 희망

과묵한 그늘에서
번뇌와 괴로움이 밀려와도
희망의 빛을 찾아
암흑의 터널을 벗어나려고

양지의 따스함이
과거의 아픔을 잊어버리고

생명력 넘치는 꽃들이
햇살 아래 활짝 피어나듯
다시 일어설 꿈 하나로

어둠이 있기에 빛을 알고
좌절이 있기에 강해지려고
햇살이 그리워
한 걸음씩 시나브로 길을 걷는다

참 고민 많이 했습니다

매일 아침 눈을 뜨면
어제의 고민이 뇌리를 휘감아
작은 선택 하나에도
내 마음은 갈팡질팡 흔들렸고

사소한 일상 속에서도
큰 결정을 내려야 할 때가 오고
그 무게는 가슴에 쌓여
숨이 막힐 듯한 순간들이 이어지고

엇박자로 나아갈 때
나는 어디로 가야 할지
길을 잃은 듯한 기분이 들고

하지만
고민하는 시간 속에
내가 진정 원하는 것이 무엇인지

시간이 흐른 뒤에
나를 더욱 다지며 성장하게 된다는 것을
인생의 중요한 길에서 참 고민 많이 했습니다

희망이 곧 시작의 통로

어두운 터널 그 안을 벗어나
화려한 빛이 보일 때 그 빛의 희망은
시작임을 눈치챈다

희망의 씨앗은 마음 깊은 곳에서
묵묵히 새순을 틔우며
내면의 뿌리를 더욱 깊게 내린다

과거의 상처를 치유하고
미래의 꿈을 펼치며
길잡이가 되어 준 길 위에서
우리는 다시
일어설 힘을 얻고 미래로

퍼즐게임

모든 조각이 제자리를 찾고
기억들이 하나로 이어지는 순간
퍼즐게임은 끝이다

복잡한 감정의 틈 사이
서로의 손을 잡고 나아갔던
어둠 속 빛에서
명확한 그림의 완성도가 보인다

수많은 시간과 노력이 담겨
우리의 이야기는 완성되었고
각자의 모양으로 색으로 퍼즐로 채워진다

고요의 정원

물 위에 하늘이 잠기고
바람은 나뭇잎 사이로 속삭인다
한 점 소란도 머물 수 없는 이곳
시간조차 발끝을 들어 걷는다

그대 마음에도
이처럼 맑은 고요 하나 피어났으면

햇살은 부드럽게 물 위에 내려앉고
나무는 말없이 그림자를 보낸다

바람 한 줄기조차 소리를 삼키는 이 자리
고요는 마음 깊은 곳까지 천천히 스며든다

무엇도 다그치지 않는 오후
모든 것이 제자리에 있는 듯
나도 여기에 그저 있어도 좋은 자리다

2부

오염 그 실체

생각이 생각의 꼬리를 물고
가상세계로 빠져들며
바다에서 보았던 오염된 환경을 접한다

아니
이럴 수가
설마가 사람 잡는다고
바다에서 본 그 오염 덩어리를
암흑 속 팝 아트페어 공간
내 눈앞에서
경각심을 일깨워 준다

기후변화 탓은 우리들의 몫
바다가 아프면 우리도 아프다고
보라 이 한 장의 이미지에 담긴
메시지의 느낌이 어떠한지

놀랍다

증강현실의 미래세계를
꿈이 아닌 현실에서 기후변화의
아픔을 그대로 드러낸다

지난 그림자

고요한 바람처럼
어둠 속에 감춰진 미소를 품고
앞선 그리움에 몸을 맡긴다

그때의 웃음소리
따뜻했던 손길
내 기억의 조각들이
마음을 부드럽게 감싸 안는다

상실은 지나간 꿈에 그늘
하지만
그
그늘 속에 숨겨진 빛
더 깊은 사랑의
의미를 깨닫고
나는 다시 일어설 힘을 얻는다

이 미소는 슬픔의 연주

가슴 깊은 곳에서 솟구치는 노래

상실을 통해 나는 진정한 가치를 얻는다

우편엽서

가을빛에 물든 공원에서
단풍잎 바람에 날리고
우체국 창가에 옛 기억들
엽서에 담긴 사랑의 웃음소리
함박꽃이 가득 피었다
서로를 연결하고 소통하며
누군가의 소중한 일상이 시작되는
산책로엔 미소의 향기가 피어나고
안부를 보내준 얼굴을 떠올리며
가을이 아닌 봄날의 따스함을 담는다

탁자에 놓인 핸드폰의 공간은
우리를 이어 주는 연결고리가 되어
그곳에서 나는 메시지를 확인하며
우편함을 찾아 문밖으로 나간다

시간이 지나도 곁에 있는 우편함
그 안에 손녀의 순수한 마음이 있고
사랑이 담긴 엄마의 마음이 기다리고
우편엽서에서 시간이 흐르는 소릴 듣는다

생각 한 조각

리듬을 타고 쿵쿵거리는 노래
창밖의 풍경은 스르르 빠져나가고
페이지를 넘길 때마다
펼쳐지는 새로운 여행지에 눈이 맑아진다

글자 속에 담긴 꿈과 모험
주인공의 발걸음을 따라가며
내 마음도 함께 떠나는 기차여행
그곳의 햇살과 바람을 피부로 느낀다

가끔 기차의 소음은 배경음악
읽는 이의 상상력을 자극해
시간은 멈춘 듯 스쳐 지나가는
그 속에 잠깐의 여유를 찾는다

열차는 계속 달려가도
책 속의 이야기는 끝나지 않아
내 안에 모험은 계속 이어지고

열차는 목적지에서 내일을 약속하며
한 페이지 끝에서 다음 날을 기다려본다

선열의 불꽃

오랜 세월이 흐르고
시간이 먼지를 쌓아도
어떤 이름은
그 위에 다시 꽃이 핍니다

그들은 총을 들지 않았고
때로는 종이 한 장
입술 한 줄의 떨림으로
세상을 움직였지요

불꽃은 크지 않았습니다
작고
조용했고
꺼지지 않았습니다

그들이 남긴 따뜻한 잿빛
손에 쥐면 사라지지만
마음에 남으면 길이 됩니다

우리는 그 길을 걷습니다
그들이 가던 그 걸음으로
조용히
그러나 멈추지 않고

어디선가
그 불꽃이 다시 일고
눈부신 오늘을
당신이 밝히고 있음을 압니다

오월은

햇살이 창가로 부드럽게 스며드는 날
서로의 눈빛에 꽃이 피고
너와 나 우리의 희망의 바람이 모여든다

오월은 우리들의 이야기꽃 피우는 달
가슴속에 조심스레 피어난 장미
기억들이 웃음과 눈물 되어 모두가 소중한 시간

푸른 나무 그늘에 앉아 나누었던 숱한 이야기
오월의 따스한 손길로 다시 한번 부풀어 오른다

우리의 발걸음이 닿는 곳
사랑의 노래가 울려 퍼지고
그리움은 또 다른 만남의 시작

끝없이 이어지는 계절의 흐름
서로의 마음에 새겨진 사랑의 증거
오월은 함께 웃고 울던 우리들의 잔칫날

태풍

하늘을 짓누르는 검은 구름의 실체
소리 없는 나무들은
잔가지로 속삭이며 유리처럼 깨지길 기다린다
바람은 나를 스쳐 지나가고
불어오는 먼지 속
어릴 적 기억이 흐릿하게 떠올라
그늘을 잃은 나를 밀어낸다
비에 젖은 돌멩이 위에 놓인 순간들
가끔은 햇살에 반짝이지만
대부분 잊힌 채 침묵 속에 잠든다
마치 삶이란
비 오는 날 창가에 밀려오는 빗방울
그리움에 젖어 드는 차디찬 물방울
세월의 매서운 눈으로
들녘을 마구잡이 휘몰아 산더미를 만든다

갈림길

캄캄한 밤 무수한 날개들이 흐느끼며 파닥인다
바람의 속삭임에 섞여 들어간 이름 모를 존재들
그들은 빛을 향해 헤엄치듯 나아가고
각기 다른 색깔의 그림자를 남긴 채
하늘을 가르며 사라진다

소음 속의 조용한 비명처럼
부딪힐 때 종이처럼 찢어진 깃털
잊힌 꿈을 되새기며
어둠 속에서 숨겨진 이야기를 꺼내 살펴본다

그들의 숨겨진 사연은 무엇이기에
비틀어진 소리로 세상을 외치지만
귀에 닿지 않고 혼돈 속에 점점 사라져버린다

어디로 가려고

그들의 비행은 끝없는 질문

어둠 속에서 길을 찾아 헤매는 날개들

그들은 점점 내게서 멀어지고

나는 여전히 그들의 자취를 따라서 길을 걷는다

장생포에 부는 바람

갯바람이 좋아
바람이 불어오는 장생포를 찾는다
과거와 현재가 공존하는
그 속에서 나는 마음의 평화를 느낀다

바닷바람이 어우러진 곳
내 유년의 가족이 함께 나눈 곳
파도가 밀려오는 소리와 함께
따사로운 감정을 불러 모은다

풍경은 변하지 않고
낯선 것은 그곳에 사는 이웃들이다
바람에 실려 오는 이야기 속에
서로의 삶을 나누고
추억을 정리하며 다시 생각에 잠긴다

하늘과 바다가 교차하는
오르막 언덕에는

울산대교가 저만치 보이고
포경선 마을이 자리 잡았다

과거의 순간들이 흑백으로 돌아간다
출장소 골목길 돌아서서
영원히 잊지 못할 고향 바라기
유조선 기적이 등을 돌리게 한다

그날 이후의 반응

내 몸은 나보다 먼저 반응한다
누군가 손을 들면 나는 먼저 움츠린다
웃는 얼굴이 다가오면 내 등골이 먼저 얼어붙는다

사람들은 묻는다
왜 그렇게 예민하냐고
나는 대답하지 않는다
설명은 언어로 되지 않는다

설명은 흔적이 아니기에
그날 이후
나는 "조용한 방"이 되었다

누가 들어와도
반사음 하나 없이 삼키는 방
창밖엔 햇빛이 들어오지만
나는 커튼을 걷지 않는다

밝은 것은 너무 날카롭기에
웃음소리는 깨진 유리 조각 같고
친절은 때로 더 무섭게 다가오기에
기억은 말하지 않아도

심장이 기억하고
손목이 기억하고
어깨가 기억하기에
나는 나를 다독인다

다독이는 법도 나 혼자 알게 되었다

누군가는 말한다
이제 괜찮아질 거라고
나는 안다
괜찮음이란 건
한 번도 나에게 온 적이 없었다는 것을
하지만
나는 오늘
내 안의 목소리를 꺼내어 조용히 앉힌다

꽃샘추위

겨울의 마지막 기운이 남아 있는 날, 하늘에서 눈송이가 내려오기 시작했다. 눈송이는 마치 천상의 꽃잎처럼 부드럽고 고요하게 세상에 내려앉으며 모든 것을 덮었다. 나무에도 지붕의 모서리 조용한 거리의 모든 것이 순백의 이불로 감싸듯 천지가 하얗게 변했다. 이 하얀 세상 속에서 사람들은 잠시 멈춰 서서 그 아름다움에 감탄했다.

세상이 조용해지고 발걸음 소리조차 부드럽게 흡수된 듯했다. 아이들은 눈으로 가득한 공원에서 신나게 뛰어놀며 눈사람을 만들고 눈싸움을 시작한다. 그들의 웃음소리는 차가운 공기를 따뜻하게 녹여 주었다. 하얀 눈 위에 찍힌 발자국은 그들의 즐거운 순간을 기록하며 공원에 생명력을 불어넣었다.

성숙한 나무들은 그 하얀 눈 덕분에 겨울의 혹독한 추위를 견디고 있었다. 나뭇가지에 쌓인 눈은 마치 그들을 보호하는 갑옷처럼 느껴진다. 지붕 위에 쌓인 눈은 집들을 따뜻하게 감싸 주며 지나가는 이들에게 아늑한 느낌을

준다. 사람들은 하얀 세상에서 따뜻한 차 한 잔을 손에 들고 창밖을 바라보며 떠나는 겨울의 정취를 만끽하며 봄날의 추위를 붙잡고 차를 마신다.

눈으로 물든 세상은 마치 동화 속 장면처럼, 한순간의 마법을 선사하고 모든 것이 하얗게 변해버린 이곳에서 사람들은 서로의 온기를 나누고 차가운 바람이 불어도 마음속의 온기는 봄날의 희망을 꿈꾸며 창밖의 하얀 세상을 주섬주섬 렌즈 속 주머니에 담는다.

바람 불어 좋은 날

햇살은 따사롭고
푸른 하늘 아래
바람 불어 좋은 날
내 마음도 함께 날아오른다
나무는 속삭이고
꽃들이 고개를 숙이는 순간
자연의 리듬에 맞춰
내 발걸음 한없이 가벼워진다
기억의 조각이 흩날리며
유년의 꿈들이
내 곁에서 나란히 서 있다
그때의 순수함이 그리워지는 여기
가슴에 품어 덧없이 시원한 고향길
꿈이 아닌 날마다 계속되기를 바람에 속삭인다

우주에서 부는 바람

별빛이 흩어지는
어둠 속
우주의 비밀을 속삭이고
빛의 씨앗을 실어 끝없는 공간을 가로지른다

바다 그 바람은 고요한 별들의 숨결
빛과 어둠이 뒤엉켜 무한한 춤을 추는 곳
구름 같은 성운을 스치며 지나간다

어디선가 온 듯한 낯선 향기가
내 마음을 스치고
우주 그 아래 바다에서 부는 바람
은하의 울림 천체의 속삭임이 내 귀에 들려온다

바람은 때로는 차갑고
때로는 따뜻하며 모든 것의 연결고리
우주의 불꽃이 나를 감싸 안고
나는 그 흐름에 몸을 맡긴다

가끔은 혼자서

두려움과 기대의 경계에서
어린 발이 땅을 박차고
작은 발끝에 담긴 거대한 꿈을 안고
세상의 넓이를 향해 조심스레 나아가네

넘어지고 다시 일어서는 그 순간
아픔 속에서도 웃음이 피어나고
신기한 발견이 기다리는 내 눈길 가는 곳
모든 것이 나를 기다리고 있네

새로운 시작의 소리
매 순간이 나를 변하게 하고
그 발걸음이 쌓여가는 동안
나는 나의 이야기를 추억으로 써 내려가네

3부

보트 타는 자매

빛나는 색채로 가득 찬 풍경
그의 붓끝에서 피어나는 생명
일상의 순간을 포착한 아름다움
사람들의 웃음이 캔버스에 스민다

여름 햇살 아래
여인들의 모습이 춤추듯 빛나고
자연의 풍경 속에 담긴 따스함
사랑과 기쁨이 흐르는 장면들

소박한 일상 속의 화려함
소중한 순간들을 기록한 그의 손은 금손
르누아르의 세계는 행복의 향기
우리가 잊고 지낸 감정을 서서히 일깨운다

그의 작품은 영혼의 거울

우리가 함께 나누는 삶의 조각들

오귀스트 르누아르

그의 예술 사랑은 고귀하다

별이 빛나는 밤

별빛 아래 춤추는 하늘
그의 붓끝에서 살아나는 꿈
격정의 색채가 서로 어우러져
혼돈 속에서도 아름다움을 찾는다

고독한 마음의 울림
작품 속에 스며든 그의 고뇌
꽃과 나무, 사람의 표정들
모두가 그의 내면을 이야기한다

빛과 그림자의 대화
강렬한 색조가 감정을 전하고
그의 시선 속에 담긴 세계는
우리에게 깊은 감동을 남긴다

반 고흐, 영혼의 화가
삶의 비극을 예술로 승화시키며
그의 작품은 시간과 공간을 넘어
영원히 우리의 마음에 살아 숨 쉰다

예술은 창작이다(1)

시는 그림의 색을 입고
예술은 언어로 숨을 쉬네
감정의 흐름이 조화를 이루어
하나의 세계를 창조하는 법

붓끝에 담긴 진솔한 이야기
구름 위에 새겨진 마음의 소리
각기 다른 형태로 피어나는
예술의 꽃들이 서로를 감싼다

한 줄의 시가 음악처럼 울리고
한 음의 선율이 시를 춤추게 할 때
그 안에 숨겨진 진실은 손끝에서
인간의 내면 영혼을 일깨운다

시와 예술의 경계를 허물고
서로의 빛을 나누며 벽을 허물 때
감동은 하나의 언어로 연결되어
우리를 더욱 깊이 이해하게 만든다

역사의 숨결

바람이 불면 먼 과거의 속삭임
균열 사이로 빗물같이 스며든다

고요한 밤 달빛은
낯선 발자국을 희미하게 비추고
모래알처럼 쌓인 시간의 주름을 드러낸다

구름이 지나가며
역사의 숨결을 비틀어 놓는다
누군가의 울음이
누군가의 웃음이
서로 엉켜서 한 편의 시가 되고

돌로 쌓인 성벽 그 안에 숨겨진
비극과 영광
어디선가 들려오는 무거운 발소리
무심히 흩어져 다시 모여들고 있다

사라진 이들의 이름이
바람에 날리며 이곳에 머물고
그들이 남긴 이야기들은
낯설게 비틀린 채 내 가슴을 두드린다

조선의 역사는 살아 있는 생명체
눈을 감고 귀를 기울이면 여전히 속삭인다

서체의 매력

고요한 공간 속에서
붓이 종이를 스치는 소리
서예 전시회가 열리고
한 글자 한 획에 담긴 깊은 뜻

검은 먹물의 선율
하얀 종이를 물들이며
전통의 숨결이 느껴진다
각기 다른 작가들의 손길
그들의 마음과 철학이 녹아 있다

한 자 한 자에 담긴
역사의 흐름과 감정
세월을 초월한 아름다움
조용히 나를 끌어당긴다

관람객들은 숨죽이며
서로의 작품을 감상하고

그 속에 담긴 이야기를
마음으로 느끼며 공감한다

서예는 단순한 글자가 아닌
인생의 철학과 미학이 어우러진
소통의 언어로 자리 잡고
우리의 마음을 이어 주는 다리

서예의 매력과 깊이를
다시 생각하게 하고
기억 속에 새겨진 미적 감각을
더욱 화려하고 빛나게 해 준다

발자국

어디선가 시작된 첫걸음마
처음엔 조심스러웠고
때로는 망설임이 길을 늦추기도 했다

한 걸음 또 한 걸음
모래 위에 남긴 발자국
금세 밀려온 파도에 지워졌지만
지워졌다고 해서
그 길이 없던 것은 아니었다

눈 덮인 들판을 지나며
나는 문득 뒤를 돌아본다
어설픈 굴곡
비틀린 방향
그러나 분명히 이어진 길

발자국은 말이 없지
그곳에서 포기하지 않았던 마음

지나온 날들의 무게
그리고 앞으로 향하는 용기가 담겨 있다

언젠가 내 발자국 위에
누군가의 발자국이 포개질지도 모른다
그날을 위해
나는 오늘도
한 걸음 꾹 남겨본다

예술은 창작이다(2)

마음의 심연에서 태어나는 소리
무형의 감정이 형체를 찾아
종이 위에 점점 길을 내며 흐른다

단어는 바람처럼 날아다니고
그 속에 숨겨진 의미들은
서로의 손을 잡고 춤을 춘다

창작의 순간 무수한 별들이
하늘에 떠오르고
나는 그 빛을 따라
어둠 속으로 한 걸음 더 나아간다

언어의 조각들 각기 다른 색깔로
엮어지는 사이 나는 나를 잃고
새로운 세계를 발견한다

시의 예술은 창작의 과정

생각의 나래를 펼치고 감정을 담아
한 편의 이야기를 만든다

그 안에서 나는 진실을 찾고
삶의 의미를 부여받는다

때로는 고통이
때로는 기쁨이
내 안에서 피어오르고
그 모든 순간이 하나의 시가 된다

예술은 창작이다(3)

수많은 언어 속에 숨겨진
감정의 씨앗
각기 다른 날개로
하늘을 향해 난다
모든 시가 노래하는 것은
우리의 심장
그 울림 하나로 이어지는
보편적 진리

사랑의 고백
상실의 아픔
희망의 빛
이 모두가 한 줄의 선율이 되어
눈물 속에 피어나는 아름다움

서로를 연결하는 보이지 않는 실타래

시의 예술은

서로의 마음을 읽는 창

가장 깊은 곳에서 느끼는

인간의 본질을 드러내는 거울이다

내 눈엔 그림이다

전서는 글이 아닌 그림
붓끝에서 피어나는 상상력
한 폭의 풍경이 되고
감정의 색깔로 채워진다

차가운 먹물이 따뜻한 마음을
흑백의 선이 생명의 이야기를
그림 속에 담아내며
언어를 초월한 소통이 이루어진다

형태와 여백
구성과 균형이 조화를 이루고
보는 이의 마음을 사로잡아
각자의 해석이 새롭게 펼쳐진다

전서는 단순한 기록이 아닌
예술의 한 형태로

사람의 감정을 연결하고
시간을 초월한 대화를 나눈다

그 속에 담긴 깊은 뜻
과거의 지혜와 현재의 시각이
하나로 어우러져
새로운 인식을 불러일으킨다

전서는 글이 아닌 그림이다

그림 속에 숨겨진 이야기를
우리는 마음으로 읽어내며
각자의 세계는 무한하게 넓혀간다

자세히 보아야 얻는다

자유로운 흐름 속에
구불구불 스르르 힘 빠진
감정이 스며들고
그 자체로 하나의 언어가 된다

부드러운 곡선과
날카로운 획이 어우러져
소리 없는 속삭임으로
서로의 마음을 교감하며 전해져 온다

어려운 시대를 지나온
선인들의 지혜가 훗날 살아서 만난다
삶의 고뇌와 철학이 고스란히 녹아 있다

초서의 미학은 단순함 속의 복잡함
자연과 인간의 조화 상징적 의미를 통해
붓 하나로 우리를 깊은 사유의 바다로 이끈다

읽을 때마다 새로운 해석
그 속에서 발견하는 나의 이야기와 감정
초서는 나에게 자아를 찾는 여정이 된다

그 깊은 뜻을 이해할 때
나는 과거와 현재를 잇고
문화의 흐름 속에서
인생의 아름다움을 다시 한번 느낀다

구불구불 꼬부랑길
갈지자의 흘림체 속 그 협곡을
파고 들어가야 참맛을 얻는다

인문학

선인들이 풀어 놓은 시간을 초월한 지혜의 씨앗
간결한 구절 속에 우주의 이치가 담기고
자연을 노래하며 인생의 진리를 깨치게 한다

한 줄의 곡조가 마음의 문을 열고
소소한 일상 속에서
소중한 의미를 발견하게 손을 끌어당긴다

바람에 흔들리는 대나무
달빛에 비친 고요한 연못
그 속에서 느끼는
자연의 오묘한 진리가 내 마음을 어루만진다

한시는 사색의 미를 선물하고
복잡한 삶 속에서
단순함의 가치를 폭넓게 일깨워 준다

예술은 창작이다(4)

먹 향기 가득한 서재에서
나는 고요히 앉아 붓을 잡는다

과거의 아픔 현재의 소망이
서로 엮여 하나의 그림을 만든다

먹의 깊이는 끝없이 이어지고
나는 그 속에서 잃어버린 나를 찾는다

내가 겪은 모든 순간이
붓의 움직임과 함께 다시 살아난다

바람이 창문을 노크하며
사소한 일상에서 커다란 깨달음까지
시간을 초월한 영혼의 울림을 느낀다

아기 탄생을 위하여

고요한 새벽
숨죽인 시간 속에서
작은 울음 하나 피어났다

그것은
한 생명의 첫 노래
세상이 처음 듣는
그 아이만의 목소리였다

작은 몸짓
불완전한 숨결
그러나 그 안에는
무한한 시작이 담겨 있었다

엄마의 떨리는 눈가에 맺힌 빛
아빠의 두 손 위에 내려앉은 기적
그 작은 울음 한 번에

다시 움직이기 시작했다

시작의 소리는
힘차지도 요란하지도 않았다

모든 시간이 다시 태어났고
모든 사랑이 방향을 틀어 놓았다

세상을 여는
아기의 첫울음은
세상을 열어 주는 열쇠
그 울림은
한 생에 영원히 남을 역사가 되었다

그리움이 머무는 곳

물결이 부드럽게 밀려오고
햇살은 물 위에 금빛 꽃을 피운다

작고 단단한 섬
그 위에 홀로 선 빨간 등대는
고요함 속에서도 길을 잃지 마라며 말한다

뒤편의 산은 푸르게 숨을 쉬고
하늘은 구름 한 점 띄워
바다에 축복처럼 내려놓는다

바다는 대답하지 않지만
그 속엔 수많은 사연이 흘러간다
떠나는 배 남겨진 파도
그리고
이곳은 시작이자 끝
우리의 그리움이 가득한 어촌마을
바다만 보면 가슴에 맴도는 우리의 고향

작천정의 봄

고요한 언덕 위
겨울의 잔재를 지우고 내일의 생명이 일어난다
이슬에 젖은 이름 모를 풀잎들
햇살에 반짝이며 속삭이는 작천정 꿈을 담고 있다

강물은 부드럽게 흐르고
나무들은 연한 새싹을 틔우며
소리 없이 가지를 흔들어 놓는다

바람은 따스한 손길로
가슴에 품어 온 그리움을 조용히 날려 보낸다

흐르는 물결에 하늘도 흐르고
사라져가는 시간에 흩어진 조각들을 다시 불러온다
그리움과 희망의 교차로에서 봄은 다시 피어난다

새싹은 파릇파릇 햇살 아래 눈부시게 돋아난다
쓸쓸했던 들녘은 봄기운에 홍매도 벚꽃도 짙어진다

문틈

그날의 문이 닫히지 않는다
닫고 싶은데
문고리가 보이질 않는다

손만 허공을 더듬는다
열린 문틈 사이로
칼바람이 스며든다

보이지 않지만 날마다 베인다
말보다 빠르게
침묵보다 날카롭게
나는 문 앞에 오래 서 있다

나가지도
들어가지도 못한 채
누군가는 말한다

"이젠 지나갔잖아?"

하지만 내 시간은 그날에 멈춰 있다

밤이 올 때마다
그 틈으로 추억이 기어들고
아직도 나는 움츠린다

그러나 언젠가는
내 손으로 문고리를 만들 것이다
부서진 말들로
참았던 눈물로
조금씩 깎아
하나의 고리를 빚어낼 것이다

그날의 문이 닫히는 날
나는
비로소 나를 나가게 할 것이다

그 모습

소곤대는 봄날의 소리
찬란하게 퍼지는 날
목련이 화사하게 피어난다
하늘 향해 펼쳐진 순백의 화려함

부드러운 햇살에 가슴을 열고
온 세상을 감싸는 그 향기는
깊은 숲에서 조용히 숨을 내쉰다

차디찬 겨울을 벗어나
상큼하게 다시 태어나는 봄
희망의 상징
그대의 존재는 고요한 노래

바람이 불어도
흔들리지 않는 그 모습
어둠 속에서 빛을 잃지 않는
그 이름 목련

그대의 화려한 순간이

세상에 울려 퍼질 때
모든 것이 새롭게 시작된다
사랑과 그리움이
하나로 어우러지는 봄날의 신선함이여

흔적

바람이 스치고 간 자리
풀잎 하나 고개를 숙인다

너의 목소리 머물던 곳에
아직도 낮은 울림이 남아 있다

물결처럼 흔들리는 잎새
바람이 스쳐 간 자국 선명하다

지워진 줄 알았던 발자국
비가 내려도 지워지지 않는다

시간은 흐르지만
마음엔 여전히
너라는 이름의 흔적 푸르다

4부

꽃처럼

너는 왔다
말없이 피어나
내 하루에
빛을 드리운 꽃처럼

바람에 흔들리면서도
자리를 지켰고
햇살에 웃으며
세상의 고단함을 잠시 잊게 해 주었다

너는 아무 말 없이
내 곁에 있어 주었고
화려하지 않아도 좋았고
향기롭지 않아도 괜찮았다

그저 그 자리에
너답게 피어 있는 것
그것이 사랑이고 기적이었다

가끔은 지고

가끔은 움츠러들어도

다시 피어나기를 믿는

그 마음을

너는 나에게 가르쳐 주었다

어느 봄날

해는 따스하게 흘러내리고
바람은 꽃향기를 실어 나른다
풀밭 위에 펼쳐진 자리엔
시간도 발을 멈추고 앉았다

두런두런 이야기가 꽃을 피우고
술잔이 조심스레 돌며
웃음이 잔물결처럼 퍼진다

오랜 벗
붓을 잡고 문학을 즐기는 벗
혹 처음 만난 인연
서로를 바라보는 눈빛은 부드럽고
그 곁엔 매화가 피어나듯 사람의 마음이 열린다

한 사람은 술을 따르고
한 사람은 이야기를 따라 웃는다
무심한 듯 피어난 들꽃처럼

이 순간은 자연스럽고 아름답다

이 좋은 봄의 자리에
너는 없고 나 홀로
하나의 풍경에 매료되어 삶을 잠시

어부의 그 손

거칠고 단단한 저 손
바람에 마르고
소금에 벗겨진 손끝에서 삶이 묻어난다

그 손은 매일 새벽
어둠을 가르고
고요한 바다에 그물을 던졌지

파도가 몰아치던 날에도
그 손은
망설임 없이 노를 저었지

무엇하나 쉽지 않았지만
그는 바다를 두려워하지 않았다

손에 배인 짠 내음은
그의 고단한 하루를 대신 말해 주었고
굳은살 아래에는 가족의 사랑이 숨어 있었다

그 손은
단지 고기를 잡는 도구가 아니었음을
그것은 기도의 형태였고
고요한 믿음이었으며 끝없는 기다림이었다

풍경

물결처럼 이어진 초가집 지붕들 사이로
햇살이 부드럽게 내려앉는다
구불구불한 흙길을 따라
하얀 저고리를 입은 사람들이 분주히 오가고
장터 한쪽엔 태극기가 휘날린다

웃음소리와 흥정 소리가 어우러진 장터
삶은 언제나 여기에 있었다
연기가 오르는 굴뚝 아래
장독대 곁 항아리 안에 담긴 된장의 깊은 숨결처럼
고요하지만 단단하게 뿌리 내린 조각들이 숨 쉰다

바람은 지붕을 쓰다듬고
아이들의 웃음은 골목을 달린다
논밭 사이 굽은 등으로 일궈낸 하루가
노을에 물들며 따스한 저녁이 되어 돌아온다

아! 잊으랴 어찌 우리 그날을

이 작은 마을

그 속의 평범했던 나날들

오히려 가장 빛나는 풍경이었음을

나는 지금에서야 느껴본다

계절의 변화

봄의 잔상이 남아 있을 때
꽃잎이 떨어지며
햇살이 점점 강해져 따스한 바람을
온몸으로 감싸며
생명의 소리가 활기를 더 해간다

정원의 상큼한 향기
푸르른 잎사귀 팽팽한 긴장감으로
하늘은 더없이 푸르고
구름은 한 줄기 여름을 노래하고
내 마음 함께 점점 뜨거운 여름이다

가벼운 옷차림 바닷가 파도 소리
여름을 알리는 시작인가 싶더니 아니다
햇살 아래 여름은 아이들의 웃음소리
자연이 주는 에너지
봄도 아닌 여름도 아닌 잔설이 남은 겨울이다

계절의 변화 속에

뜨거운 열정과 함께 봄의 여운이 남았지만

이 순간 자연의 순환 속에서

봄을 만끽하며 뜨거워지는 여름을 다시

가지산

눈꽃이 만발한 능선을 따라 겨울의 차가운 바람을 안고
푹푹 빠지는 길을 재촉한다
나무는 상고대로 신비로운 세상을 만들고
하늘과 땅 하나로 어우러진 풍경이 길게 펼쳐진다

차가운 바람이 불어와
내 얼굴을 스치고 걱정과 고뇌가
한순간에 사라진다

아이젠의 촉감은 못으로 발바닥을 후벼 파는 느낌
폭신한 눈밭의 질감이 발바닥에 전해져
자연과 하나 된다

언제 다시 여기를 오를 수 있을지
오르막 계단을 걸으며
마음속 희망 하나 내려서 돌탑을 쌓아놓고
정상에 오르니 하얀 마을이 산 아래 가득하다

눈부신 설경과 청정한 공기
동화 속 전설의 풍경이다
가지산 해발 천고지
나는 새로운 세상을 마주하며
툭툭 눈을 털며 아이젠에 말을 건다

시간이 머문 자리

빛은 조용히 내려와 벽을 감싸고
하나의 섬처럼 떠 있는 작은 선반 위

하얀 병 하나 매화 가지 하나
찻잔 위에 숟가락이 아닌 붓 하나 누웠다

무언가를 말하지 않아도 되는 공간
아무것도 주장하지 않는 것들이 있는 자리

찻잔들은 마치
기다림처럼 나란히 놓여 있고
그 옆에 놓인 그릇은 오래된 침묵 같다

어쩌면 시간이 여기만을 위해 천천히 걷는다
너무 완벽하지 않아 더 아름다운 곡선들
손이 닿지 않아 더 따뜻한 거리

그 안에 담긴

말할 수 없어 더 선명한 선현의 마음 하나

필묵에 흰옷을 겹겹이 입혀놓은 참 예술이다

몽돌

파도가 밀려오고
다시 밀려가는 그 틈 사이로
몽돌 하나
조용히 자연의 숨결 속에 놓여 있습니다

갯바람이 지나며 말을 겁니다
잘 있었니 지난 계절에도
나는 대답하지 않아도
내 둥글어진 몸이 말해 줍니다

많은 파도를 견뎌 노라고
수없이 흔들리며 제자리에 있었다고
햇살이 내려와 등을 쓰다듬고
갈매기 그림자 바다 위에 드리우면
나는 잠시 하늘의 눈이 됩니다

물속에 잠긴 기억도
햇살 따라 반짝이며 깨어나지요

잔잔한 파도 소리
몽돌에 부딪히는 맑은 울림
그 소리 속엔 자연이 읊조리는
낡지 않은 시 한 줄이 흐릅니다

나는 더는 작지 않습니다
이 바다와 바람 햇살 함께
내 존재도 조금씩
자연의 한 부분이 되어갑니다

살며 깎이며 견뎌내는
세상 끝 조용한 해변에서
누군가의 발길에 잠시 안겨
나는 영원한 몽돌로 살아갑니다

대숲을 거닐며

강바람 불어 나뭇잎 흔드는 사잇길로
햇살이 부드럽게 내리쬐는 대숲으로 들어간다
대나무의 길을 따라
서로의 발걸음 호흡하며
우리의 마음 고리로 이어 준다

하늘 바라기의 대나무
그들은 힘찬 모습으로 내게 말을 한다
어둠을 이겨내고
더 높이 나아가라는 메시지

각각의 대나무는 다르지만
그 사이로 내리쬐는 햇살 무늬는
우리의 미래를 비추는 듯
오늘의 걱정을 잊고 앞으로 나아가란다

평화로운 여기서
너와 나의 마음이 하나 되어

자연의 리듬에 귀 기울이며
이 길을 한없이 걷고 또 걷는다

대숲은 이음을 모른다
오리를 걸어도
십 오리를 걸어도
대숲엔 강물 소리 쉼 없이 흐르고
옆구리에 차들이 달려도 대숲엔 이음은 없다

동백섬

섬의 이름처럼 붉은 꽃 만개하고
자연의 아름다움이
바다에 두리둥실 떠 있는 섬
그 향기와 색깔이 갯바람에 실려 온다

해안선을 따라 걷는 길
파도의 속삭임이 내 걸음을 맞이하고
잔잔한 풍경 속에 마음이 가벼워진다

햇살 아래 빛나는 바다와 하늘
나 마음속 근심을 어찌 알고 덜어낸다
섬 안으로 들어가면
다양한 식물이 어우러져 함께 자라고
새들의 소리가 귀를 간지럽힌다

후박나무 사이로
어렴풋이 비치는 조각들이
마치 자연의 미소처럼 눈부시게 자란다

자연의 위대함은
공장 불빛이 대신하며 동백섬 풍광은
아쉬움 뒤에 그리움으로 가득 차오른다

대왕암 솔밭길

자연의 바다에 안긴 대왕암
상큼한 솔잎의 향기 바람에 실려
깊은숨을 들이키며 산책로를 걷는다

솔밭 사이로 펼쳐진 아주 좁은 오솔길
걸음마다 자연의 소리가 들리고
고요한 휴식이 주는 여유로움에
갑갑했던 마음의 짐이 조금씩 덜어진다

햇살은 나무 사이로 스며들고
파도는 조용히 속삭인다
그 풍경은 마치 한 폭의 그림
대왕암 풍경에 감탄이 절로 터진다

바다의 광활함은
내 마음속 영감을 꺼내게 하고
감춰진 바다의 속내를
파도의 외침에 하나 되게 일러 준다

그러나 아직은 때가 아니다
바위의 모난 길을 밟으며
등대가 있고 아버지의 흔적이 있는
바닷길을 따라 막 구직으로 등을 돌린다

6월의 장생포

6월은 바다보다 푸르고 빛난다
하늘은 깊고
햇살은 투명하며
바람마저 꽃향기를 안고 스친다

형형색색 수국과 양귀비가
햇빛 속에 물결치고
사람들의 웃음은 꽃 사이를 걷는다

허공 가운데
거대한 고래 한 마리
하늘과 땅의 경계를 가르며 누운
시간의 화석이자 바다의 전설

그 위를 조용히 감싸는
울산대교
하늘로 이어지는 다리가 된다

고래의 눈동자는 침묵이다

하지만 그 안엔

장생포의 어제와 오늘

그리고 6월의 이야기가

깊고 잔잔하게 바다로 흐르고 있다

신불산

저 멀리 고개 들어 올려다봐야 보이는 산
속속들이 가을에 물들어간다

가을이 깊어지면
산천은 홍당무로 변하고
갈바람에 흩날리는 잎새는
가을 발자국에 바람의 노래로 속삭인다

주변의 풍경을 자유롭게 감상하다
산길을 오르며
자연이 안겨 주는 에너지자원 넘쳐난다

황금빛 들판과
곱디고운 단풍이 어우러진
길을 오르면 사방은
한 폭의 스케치한 풍경화를 그려낸다

눈앞에 화가의 미적 감각이

자연의 예술이 화선지 펼치듯 펼쳐진다

신비로운 자연의 선물

화가의 눈엔 이미 그려진 산수화 풍경이다

강가에서 거울을 보며

잔잔한 물결 위 하늘이 펼쳐진다
거울 같은 수면을 바라보며
강가에 서서
잃어버린 나를 찾아 들여다본다

물속의 반영은
진짜와 가짜의 경계선
흐릿한 얼굴은 어디선가 들려오는
기억 저편의 속삭임

바람이 불어 수면이 일렁이며
내 모습도 함께 흔들리고
나는 그 속에서 흩어진 조각을 찾아
내 안의 나를 붙이려 애를 쓴다

강물은 소리 없이 흐르고
그 속에서
나는 유년의 웃음

유년의 그리움을
종이배에 실어 띄워 보낸다

거울 속의 너
강가에 서 있는 나
사라진 시간의 흔적을 품은 너
미래로 걸어가는 나
혼돈의 시간 속에 너는 너대로

강물도 말이 없고
거울도 침묵뿐

그래 거울에 비친 것도 나
여기에 서 있어도 나니까
물 흐르는 대로
바람 부는 대로
묵묵히 할 일 하며 걷고 또 걷자

씨앗

손바닥에 놓인 작은 생명
더없이 가벼운 알갱이
무게보다 깊은 약속으로
나는 너를 뿌리고 흙으로 덮는다

바람도 모르게
조용히 잠드는 곳
너는 아무런 말이 없지만
텃밭에서 희망의 봄을 품는다

차가운 밤 지새고
이슬 먹고
첫 햇살에 숨을 쉬며
너의 작은 떨림 하나가
바람 없는 텃밭의 세상을 흔든다

언젠가는 너도 나무가 되어
시간을 머금은 그늘이 되겠지

그 시작은 다만

한 줌의 기다림

너와 나 먼 훗날 약속이었다

염전의 일상

하늘은 낮고 바람이 부드러운 날
땅속 깊이 숨겨진 소금의 결정체
작은 손으로 조심스레 파헤치면
투명한 빛의 조각들이 고개를 내민다

차가운 밤하늘을 담고
별빛의 소리 없는 반짝임
그러나 아주 강하게
자연의 고요함을 저들은 빛나게 하고 있다

각진 모습 날카로운 모서리
마치 시간이 멈춘 듯
흙 속에서 한 조각의 과거가
지금 이 순간에 살아 숨 쉬고 있다

이 작은 결정체
바다의 깊은 속삭임과
태양의 따스한 포옹을

온전히 품고 땅을 물고 누웠다

소금의 결이 서로 얽히고
그들은 흙을 툭툭 털어내며
물레의 멈춤을 다시 한번 일으킨다

밤새 얼어붙은 시간 속에서
바닷물은 소금이 되어
저장고에서 빛을 발하며 마주하는데
점주는 또 하나의 토판소금을 만난다

정류장에서

흐린 하늘 아래 정류장에서
시간을 잃고 서 있다
차가운 바람이 주머니의 손을 스치고
나는 기다림의 무게를 느끼며 하늘을 바라본다

정류장의 숫자는 천천히 흘러가고
눈앞의 차들은 어디론가 바쁘게 지나간다
마음속의 불안이 점점 커져만 가고
여기서 기다리는 것이 과연 맞는 것인가 자문해본다

그러다 문득 한 대의 택시가 내 앞에 멈춰선다
반짝이는 노란 불빛 이곳에서의 기다림을
모두 지워 줄 마법 같은 순간이 내 눈앞에 있다

문을 열고 내가 원하는 곳으로
달려가 줄 수 있는 그 자유로운 선택
얼굴에 미소가 번진다
지금 이 순간 결정이 나를 구원해 준다

택시의 엔진 소리가 내 마음의 울림처럼
강하게 퍼져가고 버스를 기다리는 대신
변화의 기회를 선택한 것이다

창밖의 풍경이 빠르게 스쳐 지나가고
그 안에서 나는 새로운 가능성을 느낀다
기다림의 끝은 단순히 이동이 아니라
내가 나를 찾는 여정의 시작임을 깨닫게 된다

여행은 또 다른 출발

여행은 발걸음 닿는 곳마다
낯선 거리에서
나를 잃고 숨겨진 풍경 속에 나를 찾는다
새로운 만남은 새로운 이야기의 시작

길 위에서 만난 사람들의 목소리
그들의 미소는
내 마음을 울리고
서로의 대화에 나는 나의 한 부분이 되어간다

여행은 끝없는 탐험
내가 누구인지 깨닫는 과정
그 길 위에서 또 다른 나를 만나고
세상 넓이에
내 마음의 벽을 허물어간다

5부

또다시 병원

희망이 사라진 어둠 속
육신의 고통은 영혼을 갉아먹는다
그러나 작은 희망의 씨앗
낯설고도 생소한 이식이 나를 찾아왔다

이식된 세포가 뿌리내릴 때
내 안의 고통은 조용히 잠들고
새로운 생명이 움트기 시작한다
한 줄기 빛이 내 가슴을 채운다

수많은 눈빛이 나를 지켜보며
우리의 싸움은 혼자가 아님을
서로의 힘이 되어 주는 것이라며

재생의 시간이 다가오고
따뜻한 햇볕이 나의 피부를 스친다
이제 나는 다시 일어설 준비가 되었고
새로운 나로 태어날 순간을 기다린다

입원(1)

햇살은 창틈으로 스며들고
나는 오늘도 침대에 누워 있다

머리맡 꽃병 속 백합은
하루를 넘기지 못하고 죽었다

아무도 내게 묻지 않는다
어디가 아프냐고
아프다는 말조차
지쳐버린 나를 알기에

창밖 나무는
매일 같은 자리에 서 있으면서도
계절이 바뀌는 걸 잊지 않는다

나는 언제쯤
고요한 이 방에서
내 안의 겨울을 지나갈 수 있을까!

쉼터에서

시와 바람이 있는 자리
가을이 곱게 익어가는 산마루 중턱
진달래 넷 송이
의자에 앉아 성경책을 읽는다

심술궂은 바람이 책장을 넘기며
갈참나무 사잇길로 단풍잎 와르르 쏟아진다
바위틈새 노랗게 물든 구절초
정자 벽면 꽃들이 가랑비에 촉촉하게 젖는다

고갯마루 단풍은 겨울을 꺼내 펼치며
동해로 뻗은 소나무는
저만치서 봄을 재촉하는데
사계의 풍경 때를 놓쳤나! 길을 잃었나!

바람이 쉬어간 자리마다
시름시름 산책로 꽃들이 쓰러진다

노을은 일어나고 새들이 지저귀는

달빛 저 멀리서 미사의 종소리 들려온다

시월의 찬송가를 펼쳤다 덮었다

국화 송이

무더기 성전을 향해 숨죽이며 걸어간다

봄날의 편지

하늘이 파랗게 열린 날
두 송이 꽃이 땅 위로 조심스레 얼굴을 내민다
하나는 붉게 타오르는 정열
또 하나는 파란 꿈을 간직한 순수였다

잎들은 햇살을 타고 반짝이고
바람은 줄기 사이를 슬며시 지나며 속삭인다
여기에서 시작해 너의 이야기를

작은 나비들이
그들의 비밀을 듣고 날아올랐다
꽃잎을 맴돌며 춤추는 그 모습은
마치 봄이 남긴 서툰 손글씨 같았다
아이의 손끝에서 피어난 이 세상
그 안엔 계절, 사랑, 약속, 희망이 보인다

아이 마음은 붓이 되어 전한 말
나는 이 세상을 꽃으로 기억할 거야

적막한 창고

말하지 않아도 아는 줄 알았다
겉으로는 멀쩡한 듯 보이는 나를
그들은 뼛속까지 들여다보려 했다

피를 넘어
살점을 뚫고
가장 깊은 방 한 칸을 열었다
비밀을 감춘 적막한 창고

그곳엔
아무 말 없이 곪아가던 슬픔
숫자로는 셀 수 없는
무게의 고요

뼈는 거짓말을 하지 않는다
가장 단단한 곳이
가장 먼저 금이 간다는 걸
그들은 알고 있었다

입원(2)

그는 병원 복도를 따라 걸었다
하얀 벽
숫자로 나열된 문
그리고 이름 모를 사람을 만난다

처음에는 두려움이었다
몸에 붙은 기계들
피 한 방울로 예측되는 내일

그러다
점점
고통은 익숙해졌고
사람들은 말없이 떠난다
마치 오래된 뉴스처럼

의사는 말을 건넨다
수치는 안정적입니다

하지만

그의 눈빛엔

당신은 지금 근심이 많군요

밤이면

그는 침대에 누워

심장의 고동을 세며

아무에게도 들키지 않게

자신의 존재를 다독이며 한숨을 쉰다

이름을 붙일 수 없는

깊은 곳의 허전함

그것이 그를 가장 아프게 했다

병명 없는 고독이란

슬픔 그 자체의 지옥이다

하얀 시간이 내린다

하늘이 고요히 숨을 내쉰다
그 숨결은 눈이 되어 천천히 아주 조용히
기와지붕 위에 살포시 내려앉는다
한옥의 선은 더 선명해지고
세월은 잠시 멈춘 듯 고요하다

담장 너머 고목들도 말없이 눈을 맞는다
잊힌 이야기들이 다시 살아나는 듯
그 속삭임은 눈송이 틈새를 타고
마음 깊은 곳으로 스며든다

차가운 바람마저 발길을 멈춘 아침
주변의 소리마저 눈발에 묻혀 사라진다
다만 하얀 풍경만이 말을 걸어
고요의 적막을 깨우려 다가서지만
나는 조용히
그 대답 없는 풍경 속에 머문다

세상이 하얗게 변해버린 여기

소음 하나 없는 하얀 산천

나무와 기와지붕

새날이 밝아도 눈발은 햇살보다 곱게

한옥의 빛을 더욱 맑은 선을 그려낸다

퇴원

창 너머로 햇살이 들어온다
오랜만에 느껴보는 바깥공기
낯설지만 반가운 자유의 숨결

하얀 벽 바스락거리는 침대 시트
밤을 지새운 희망과 두려움
이젠 작은 미소로 바뀌었다

몸이 아픈 시간은
마음도 함께 지치게 했지만
그 속에서 나는 나를 만났다

걱정과 기도로 함께 해준 이들
말없이 손잡아주던 눈빛
그 모두가 오늘의 나를 만들 사랑이었다

이제 나는 해방이다
조금은 느려도 괜찮아

조금은 불안해도 괜찮아

내게 주어진 이 새로운 하루
그저 살아서 걸어간다는 사실 하나로
축복이고 감사 할 일이니까

살아서
걸어서
내 집으로 간다는 자유로움
해방의 기쁨이 바로 이런 느낌이지

병원은 나의 배움터

아픔이 눕던 자리에
희망하나가 천천히 앉을 때
하얀 복도 끝에서
작은 숨결 하나 살아났다

초조함을 지우고
따스한 손길과 기다림
그 시간의 기록을 꾹꾹 눌러 적던
무언의 마음들

나는 알게 되었다
이곳은 단지 치료의 공간이 아니라
고요한 회복의 씨앗이 자라는
내 몸과 마음의 희망적인 푸른 정원이었다

그래서
나는 자신 있게 말한다

혈압체크

문진작성

체온체크

하루 먹은 것들 체크

병원은 나의 배움터라고

복수초

눈 덮인 설산의 외로운 곳
차가운 바람 속에서 피어난다
작고 단단한 그 모습은
겨울의 끝자락을 알리는 신비의 희망

하얀 눈과 대조되는 그 색
어둠 속에서 빛나는 별처럼
생명의 강한 의지를 보여 주며
혹독한 추위를 이겨내고 솟아난다

암벽의 바람을 피해
너의 향기는 차가운 공기를 뚫고
따스한 봄을 기다리는 마음
모든 이에게 강한 희망을 보여 주는 꽃

포근한 산의 품에서
너는 소리 없이 이야기하고
겨울의 끝, 봄의 시작을 알리는

자연의 작은 기적의 희망이 되어 주는

복수초 그 이름보다 이쁜 마음
결 고운 앙증맞은 얼굴
바위틈 눈 속에 드러난
너를 보면 내 마음이 푸근해진다

패랭이꽃

눈이 내렸다,
들판은 하얗게 숨을 죽이고
세상은 고요함에 얼어붙었다
조용한 풍경 속에서
나는 한 송이 패랭이꽃을 찾는다

언제였던가
바람 부는 여름 끝자락
바스락대는 풀잎들 사이로
너는 아무런 말도 없이
그 자리에 홀로 피어 있었다

그 누구도 주목하지 않는 자리
길가의 돌 틈
그곳에서 너는 불씨처럼
작고 붉게 아주 붉게 그렇게 피어 있었다

나는 종종 너를 바라보며 걸었다

세상은 변덕스럽고
사람들은 지나쳤지만
너는 비바람에 꺾이지 않고
누군가 밟고 지나가도
너는 언제나 그 자리에 다시 피었지

눈 아래 어딘가
여전히 너는 뿌리를 다지고 있을 것이라는 걸
세상이 잊은 꽃
그러나 결코 생명은 다시 피어나는 것

나는 다시 그 길을 걷는다
텅 빈 들판
찬바람 속에서 너의 붉은 잔상을 좇으며
겨울 끝에서 다시 피어날 너를 기다린다

민들레

푸른 들판의
작은 별
너의 노란 얼굴이
햇살 아래 눈부시다

어디에든
뿌리내리며
자유롭게 피어나는
강한 생명력

봄바람에 실려
흩날리는
씨앗들

소망을 담아
하늘을 향해 날아오르는
희망의 상징처럼

아픔과 역경 속에서도
세상의 모든 슬픔을
보듬어 주는

너의 존재가
내 삶 속에 스며들어
생명의 귀함을
보여 주는
너는 나의 작은 천사

겨울에 핀 꽃이 강하다

바람이 차가운 건
그 속에 언어가 숨었기 때문이고

눈이 내리는 건
모든 것을 덮어주려는 마음 때문이다

나는 그 계절 끝에서
작은 씨앗 하나를 품었다

햇살은 사라지고
흙은 얼어 있었지만

그래도
피어나야겠다고
나는 나를 설득했다

그리고 이듬해
잔설 속에서

파릇한 새순이 살포시 눈을 맞춘다

한 송이 꽃으로 오려는 것
아무도 몰랐지만
그 꽃은 나를 알고 있었다

자신이 얼마나
아름답고
강한 존재인지를

육거리의 물결

육거리시장 그 골목 어귀
바닥엔 수십 년 세월의 발자국
풍경처럼 늘어져 누웠다

오늘은 그 위로
수백 개의 붉은 풍선이 춤춘다
희망이든 기대든
손마다 꼭 쥐고 있는 마음 하나

누군가는
후보자의 이름을 부르고
누군가는 조용히 눈을 맞춘다

이 거리의 숨결은
지금 살아 숨 쉰다

오랜 단골 가게 앞
떡볶이 냄새 스며든

공기 속에서
변화를 외치는 목소리와
지켜보는 눈빛이 부딪힌다

정치는 멀게만 느껴졌지만
이 골목에서는
누구도 무관심할 수 없다

육거리의 오늘은
그저 선거 유세가 아닌
작은 민주주의의 축제였다

은방울꽃

숲속의 작은 기적
백색의 꽃잎 햇살 받아
너의 얼굴 은은하게 빛나고

바람에 묻어오는
너의 향기는
어둠 속의 희망
내 기억을 끌어다 주고

너는 고난 속에서
꿋꿋이 피어나는
강인한 생명의 힘으로
나에게 용기를 가져오고

작고 소중한
너의 존재가
내 마음에 따뜻함을 더하고

세상의 아픔을

말없이 감싸 안은 너는

영원히 피어나는 사랑의 증표

사랑의 작은 손

사랑의 작은 온기가
아픔을 보듬는 힘이 된다

상처를 어루만지며
눈물 닦아 주는 그 순간

희망의 씨앗이 새록새록 피어난다

부처의 자비가 스며들고
예수의 사랑이 흐르는
이 세상의 고통을 이해하며
따스한 빛으로 노랗게 물든다

가끔은 지쳐도
내 손은 포기할 수 없었다

겨울에 핀 꽃이 강하다

ⓒ 유성순, 2025

초판 1쇄 발행 2025년 8월 30일

지은이	유성순
펴낸이	이기봉
편집	좋은땅 편집팀
펴낸곳	도서출판 좋은땅
주소	서울특별시 마포구 양화로12길 26 지월드빌딩 (서교동 395-7)
전화	02)374-8616~7
팩스	02)374-8614
이메일	gworldbook@naver.com
홈페이지	www.g-world.co.kr

ISBN 979-11-388-4558-8 (03810)

- 가격은 뒤표지에 있습니다.
- 이 책은 저작권법에 의하여 보호를 받는 저작물이므로 무단 전재와 복제를 금합니다.
- 파본은 구입하신 서점에서 교환해 드립니다.